A HUNDRED BILLION TRILLION STARS

Text Copyright © 2017 by Seth Fishman
Illustrations Copyright © 2017 by Isabel Greenberg
All rights reserved including the rights of reproduction in whole or in part in any form.

Korean Translation Copyright © 2020 by Daseossure Publishing Co.
This translation is published by arrangement with Janklow & Nesbit Associates
through Imprima Korea Agency

이 책의 한국어판 저작권은 Imprima Korea Agency를 통해
Janklow & Nesbit Associates와의 독점 계약으로 다섯수레에 있습니다.
저작권법에 의해 한국 내에서 보호를 받는 저작물이므로
무단전재와 무단복제를 금합니다.

비밀을 하나 알려 줄게.

태양은 사실 별이야.

그리고 태양 같은 별이 우주에는

1000 0000 0000 0
해   경   조

000 0000 0000 개나 있어!
억   만

천해

그 많은 별 가운데 태양 곁을 돌고 있는
초록빛 푸른 행성, 바로 지구야.

여기에 우리가 살아

지구가 푸른빛인 건 바다를 가득 메운
14 0000 0000 0000 0000 0000리터의
　해　　경　　조　　억　　만
물 때문이야.

십사해

지구가 초록빛인 건 땅 위를 가득 채운
3 0000 0000 0000그루의
　조　　　억　　　만
나무들 때문이고.

삼조

태양의 반대편, 햇빛이 비치지 않는 곳의
지구는 별처럼 반짝이는
불빛들로 가득해.

사람들이 많이 사는 250 0000개
만
도시와 마을을 밝히는
그 불빛 아래서…

이백오십만

어떤 사람들은 책을 읽고 있을 거야.

도시와 마을에 사는 사람들 수를 모두 세어 보면 75 0000 0000명은 될 거야.
억 만

그런데 너 그거 알아?

지구에 사는 개미는 1 0000 0000 0000 0000마리나 된다는 거.
경   조   억   만

신기한 건 일경 마리 개미의 무게가 칠십오억 명 사람의 무게와
거의 비슷하다는 거야.

그렇게 무거운 지구 때문에 달은 38 4000킬로미터
　　　　　　　　　　　　　　　만
떨어진 거리에서 지구 주위를 맴돌아. 마치 네가 트램펄린에 앉으면
푹 꺼진 네 주변으로 물건들이 끌려오는 것처럼 말이야.

삼십팔만 사천

지구가 끌어당기는 힘을 중력이라고 해.
네가 아무리 달까지 팔짝 뛰어오르려고 해도
중력은 널 지구에 꼭 붙잡아 두려 할 거야.

너랑 네 친구들 4 2000 0000명이 모이면
                                         억   만
달에 닿을 수 있을 거야.
모자를 수 있으니 키우는 개나 뱀을
데려와도 괜찮아.

사억 이천만

네가 이 책을 다 읽을 때쯤이면
우리가 이야기했던 거의 모든 숫자가
달라져 있을 거야.
지금도 계속해서 더 커지거나
더 작아지고 있거든.

1000 0000 0000 0000 0000 0000 0000개의
해　　　경　　　조　　　억　　　만

별들 어딘가에 있는 모든 것들 가운데

바로 지금,
바로 여기서,

작가의 말

여러분은 내가 도대체 어떻게 별이나 개미나 빗방울의 숫자를 다 아는지 의아할 거예요. 물론 나는 망원경으로 밤하늘의 별을 세어 보거나 하진 않았어요. 만약 그랬다면 난 평생을 그 망원경 앞에서 보내고도 끝내 별을 다 셀 수가 없었을 테니까요. 대신에 나는 과학 기사와 수학과 아주 똑똑한 어림짐작과 내가 아는 랜들 먼로라는 천재의 도움으로 그 수들을 알아냈어요.

이 책에 나온 숫자들은 아마, 거의, 확실히 맞을 거예요. 그 이유를 설명할게요. 어떤 숫자들은 너무나도 빨리 바뀌기 때문에 정확히 헤아리기가 불가능하지요. 예를 들어, 지구상의 모든 개미들의 총 무게가 인간들의 총 몸무게와 같은지 사실 알 수가 없어요. 하지만 아마존 열대 우림에 사는 개미들이 4000제곱미터당 대략 350만 마리라는 건 알아낼 수가 있죠. 열심히 정보를 찾아보고, 사실 확인을 하고, 추정을 해 보면 이 세상에는 아주 많은 숫자의 개미들이 있다는 결론을 내릴 수 있어요. 말하자면 그 무게를 전부 합치면 이 세상 사람들의 무게를 다 합친 것과 거의 비슷할 정도로요. 그리고 여러분이 그 개미들을 먹게 될 수도 있어요. 다른 어떤 벌레를 먹을지, 정확히 얼마나 먹을지, 일부러 먹을지 어떨지는 나도 모르지만요. 자전거를 탈 때 벌레가 입안으로 휙 날아들 수도 있고, 밤에 자다가 거미를 삼킬 수도 있잖아요. 아무튼 그 무게는 평생에 걸쳐 총 32킬로그램, 그러니까 골든리트리버 한 마리 무게 정도는 될 거예요. 이런 어림짐작을 통해, 우리는 아무리 큰 수라도 손쉽게 그 크기를 상상하거나 다른 수와 비교할 수 있어요.

그런데 여러분이 꼭 알아야 할 중요한 사실이 있어요! 이 커다란 숫자들이 사실 우리 주위 어디에나 있다는 거예요. 원자에도, 개미에도, 별에도, 여러분한테도요. 알고 보면 모든 게 서로 통한다는 거죠. 그러니까 다음번에 여러분이 밤하늘을 올려다본다면 굳이 별을 세려 하지 않아도 돼요. 그냥 천천히 별빛이 빛나는 걸 바라보기만 해도 충분하니까요.

글 세스 피시만

163초 동안 숨을 참을 수 있고, 하루에 15,000번쯤 눈을 깜박거려요. 청소년 도서를
두 권 펴내기도 했지요. 가족들과 함께 캘리포니아주 로스앤젤레스에서 살아요.

그림 이저벨 그린버그

일 년에 붓을 57개쯤 쓰고, 하루에 차를 네다섯 잔 마시면서 여섯 시간씩 그림을 그려요.
그래픽노블을 두 권 펴냈고, 다섯 권의 어린이책에 그림을 그렸지요. 지금은 런던에서 살고 있어요.

옮김 최순희

미국 로스앤젤레스 시립도서관에서 오랫동안 사서로 일했고, 지금은 글을 쓰며 번역을 하고 있어요.
옮긴 책으로 〈안녕, 나는 지구야!〉, 〈명왕성이 뿔났다!〉, 〈프레드릭〉, 〈엄마의 의자〉,
〈트리갭의 샘물〉 들이 있어요.

천해 개의 별, 단 하나의 나

처음 펴낸 날 | 2020년 3월 2일   세 번째 펴낸 날 | 2023년 10월 5일
글 | 세스 피시만   그림 | 이저벨 그린버그   옮김 | 최순희

펴낸이 | 김태진   펴낸곳 | 다섯수레

편집 | 김경희, 장예슬   기획 | 김시완   디자인 | 이영아
마케팅 | 이운섭   제작관리 | 김남희

등록번호 | 제3-213호 등록일자 | 1988년 10월 13일
주소 | 서울특별시 마포구 동교로15길 6 (우 04003)
전화 | 02-3142-6611   팩스 | 02-3142-6615
인쇄 | (주)로얄 프로세스

ⓒ 다섯수레, 2020

ISBN 978-89-7478-428-7 77410

큰 수 읽는 규칙

1 일
10 십
100 백
1000 천
1 0000 일만
10 0000 십만
100 0000 백만
1000 0000 천만
1 0000 0000 일억
10 0000 0000 십억
100 0000 0000 백억
1000 0000 0000 천억
1 0000 0000 0000 일조

100 0000 0000 0000 0000 0000 0000
자　　해　　경　　조　　억　　만